urania

Christopher A. Weidner

ASTROLOGIE
FÜR DIE SINNE

Jungfrau

Harmonisch leben
mit den Sternen

INHALT

ERSTES KAPITEL

Die Persönlichkeit der Jungfrau

Jungfrau-Zeit ist etwa vom 22. August bis zum 24. September eines jeden Jahres.
Spätsommer – Land und Flur wirken ausgetrocknet und ein bisschen ermattet. Auf den Feldern wiegt sich der goldene Weizen in lauen Lüften. Doch schon stehen die Schnitter bereit mit ihren blitzenden Maschinen und Werkzeugen, um die Ernte einzuholen. Wo sie ihr Werk verrichtet haben, steigt der Duft von frischem Stroh auf und erinnert daran, dass die Tage schon bald kürzer als die Nächte sein werden und die kalte Jahreszeit im Vormarsch ist.

Das Datum für den Beginn und das Ende eines Tierkreiszeichens kann von Jahr zu Jahr um ein, sogar zwei Tage schwanken. Wenn Sie ganz genau wissen möchten, ob Sie noch Löwe oder schon Jungfrau oder noch Jungfrau oder schon Waage sind, können Sie auf meiner Website unter www.phoenix-astrologie.de nachsehen.

DER WEG DER JUNGFRAU

Die Jungfrau-Zeit ist eine Zeit der Arbeit. Doch wenn die Ernte eingefahren und verstaut ist, beginnt eine Phase der Festlichkeit und Fröhlichkeit mit Erntedank und Kirchweih. Das Symbol der Jungfrau erinnert an ein „M“. Manche sehen darin eine stilisierte Hand – vielleicht die sinnfälligste Deutung, geht es für die Jungfrau doch darum, die Dinge selbst in die Hand zu nehmen, bevor sie ihr aus der Hand genommen werden.

ZUR RECHTEN ZEIT AM RECHTEN ORT SEIN

Für Sie als Jungfrau-Geborene werden die Eigenschaften dieser Zeit zu Ihren Wesensmerkmalen. Heißt das nun, Sie seien allein zum Arbeiten geboren? Nein. Eigentlich strengt sich keine Jungfrau gern über Gebühr an – dazu denkt sie viel zu ökonomisch und verabscheut jegliche Energieverschwendung. Ordnung hält sie aus Vernunftgründen und nicht, weil es ihr Spaß macht. Von einer guten Planung über eine sorgfältige Vorbereitung bis hin zur zügigen Durchführung versteht es die Jungfrau, sich und ihr Leben vernünftig zu organisieren. Zur rechten Zeit am rechten Ort sein – das ist das erklärte Ziel der Jungfrau und auch das Geheimnis ihres Erfolgs.

FÜHLENDE ANPASSUNG

Die Jungfrau hat ein sehr gutes Gespür dafür, wo Grenzen zu erwarten sind und wo sie ihren Freiraum entfalten kann. Überhaupt ist sie das mit Abstand einfühlsamste Zeichen des Tierkreises: Wer mit ihr zu tun bekommt, merkt schnell, dass sie ununterbrochen auszuloten versucht, was von ihr erwartet wird und wie weit sie gehen kann. Sie erinnert ein wenig an einen Thermostaten, der die Raumtemperatur misst, um herauszufinden, ob die Energiezufuhr erhöht oder gesenkt werden muss, um einen bestimmten Sollwert konstant zu halten. Diese Aussteuerung an den Bedingungen, wie sie die Jungfrau in der Umwelt vorfindet, ist ihr großes Talent: Sie versteht es hervorragend, ihre Handlungen genau

auf die Bedürfnisse um sie herum abzustimmen. Kein noch so kleines Detail entgeht ihr dabei.

WISSEN, WOHIN MAN GEHÖRT

Als Jungfrau stehen Sie nicht gerne im Mittelpunkt. Manche Jungfrauen wirken sogar richtig unauffällig – sie selbst würden sagen: unaufdringlich. Es interessiert Sie nicht, sich zu präsentieren, nur um gesehen zu werden. Dahinter steckt wieder Ihre große Empfindsamkeit gegenüber der Umwelt, die natürlich auch besonders verletzlich macht. Da Sie als Jungfrau sich auf der anderen Seite auch gerne am Geschehen beteiligt sehen wollen, suchen Sie sich zumeist einen Platz in der zweiten Reihe. Von dort aus haben Sie auch noch alles gut im Blick, sind aber nicht gleich Zielscheibe für etwaige Angriffe. Wenn eine Jungfrau einmal einen Platz gefunden hat, beginnt sie richtig aufzublühen. Voraussetzung ist, dass dieser Platz auf ihre Fähigkeiten und Bedürfnisse wie maßgeschneidert ist.

DEM LEBEN VERTRAUEN

Um ihren Platz im Leben zu finden, setzt die Jungfrau auf ihre Fähigkeiten zu beobachten, sich einzufühlen und zu planen – nicht nur für sich, sondern auch gerne für andere. Leider aber meint sie es manchmal zu gut – und geht damit ihren Mitmenschen gehörig auf die Nerven. Besonders wenn sie ununterbrochen korrigieren und kritisieren zu müssen meint. Am schlimmsten ist es für sie, wenn die Dinge nicht so bleiben, wie sie von der Jungfrau eingerichtet wurden. Am liebsten hätte sie stets die Zügel in der Hand, um jeder Eventualität vorbeugen zu können. Doch nicht alles lässt sich hundertprozentig planen. Das Universum kennt stets ein Vielleicht! Darum ist die größte Herausforderung für die Jungfrau: Vertrauen in das Leben setzen und akzeptieren, dass die Dinge auch ohne ihr Zutun gut werden können.

DAS BRAUCHT DIE JUNGFRAU

BODY: SICH REGEN BRINGT SEGEN!

Jungfrauen geraten nicht gerne ins Schwitzen. Das heißt jedoch nicht, dass die Jungfrau körperliche Anstrengungen scheuen würde! Doch auch hier gilt die Maxime: alles in Maßen. Sehr wohl glaubt die Jungfrau, dass ein gesunder Geist auch einen gesunden Körper braucht. Sie weiß, dass man sich einfach seelisch ausgeglichener fühlt, wenn man regelmäßig für ausreichende Bewegung sorgt. So finden wir die Jungfrau im Sommer auf Waldwegen beim Joggen und im Winter beim Skilanglauf. Ausgedehnte Spaziergänge, die andere eher als Fußmarsch bezeichnen würden, gehören ebenso in ihr Fitness-Programm wie die morgendliche Gymnastik am offenen Fenster. Die richtige Ausrüstung – vom Gelenke schonenden Schuh bis hin zum atmungsaktiven Trainingsanzug, ist ihr dabei mindestens so wichtig wie die korrekte Technik. Schließlich soll Sport gesund erhalten und nicht schaden! Wenn aber auch noch etwas Nützliches dabei herausspringt, ist die Jungfrau zu Höchstleistungen fähig – und so ist sie ein emsiger Gartenarbeiter und Heimwerker und auch bei allen Umzügen anzutreffen: Mit Kistenschleppen kann man helfen und etwas für seine Figur tun.

Als Jungfrau gehören Sie sicherlich nicht zu den Fans von Extremsportarten. Treiben Sie Sport, um sich wohl und gesund zu fühlen, aber ohne Leistungsdruck. Dass Sie mit etwas Sport auch noch etwas für Ihre Attraktivität tun können, ist ein schöner Nebeneffekt – aber sollte nicht Ihr Hauptbeweggrund sein. Sie müssen es niemandem recht machen und Sie brauchen sich auch niemandem zu beweisen. Trainieren Sie ruhig für sich alleine und konzentrieren Sie sich ganz auf sich selbst. Genießen Sie die Zeit mit Ihrem Körper als einen besonderen Moment, indem Sie Kraft für den Alltag tanken können!

... AND SOUL: BOTSCHAFTEN DER SEELE VERSTEHEN

Keinem anderen Zeichen ist der Zusammenhang zwischen Körper und Seele so bewusst wie der Jungfrau. Insbesondere bei Krankheiten hat die Jungfrau verstanden, dass sich dahinter nicht selten ein innerer Konflikt verbirgt. Ob es sich um einen einfachen Schnupfen handelt oder sie sich die Hand verstaucht – die Jungfrau sucht nach einer Botschaft hinter dem Symptom. Es ist eben ein Wesenszug dieses Zeichens, überall Vorsicht walten zu lassen, um nicht das Nachsehen zu haben. Wie aber sagte schon Christian Morgenstern? „Vorsicht und Misstrauen sind gute Dinge, nur sind ihnen gegenüber Vorsicht und Misstrauen nötig." Die Jungfrau ist immer auf der Hut und ihre Aufmerksamkeit ist stets angespannt. Das dient nicht gerade dem seelischen Gleichgewicht! Besonders wenn sie sich die Reaktionen ihrer Umwelt sehr zu Herzen nimmt, unterdrückt sie oft ihre eigenen Bedürfnisse, um andere nicht zu verprellen. Aus diesem Grund sollte sich die Jungfrau folgende Fragen stellen: **Was ist der Grund für meine aktuelle Befindlichkeit? Warum geht es mir so gut/schlecht/mittelprächtig in meinem Leben? Welches innere Bedürfnis drückt sich dahinter aus? Und vor allen Dingen: Gehe ich noch meinen eigenen Weg oder bin ich ununterbrochen darauf bedacht, es allen Menschen recht zu machen?**

JUNGFRAUTYPEN – DIE ROLLE DES ASZENDENTEN

Inzwischen hat sich herumgesprochen, dass nicht nur das so genannte „Sternzeichen" von Bedeutung ist, sondern auch der Aszendent. Der Unterschied ist leicht erklärt. Während das „Sternzeichen" dadurch be-

stimmt wird, in welchem Abschnitt des Tierkreises die Sonne zum Zeitpunkt der Geburt stand, ist der Aszendent jenes Tierkreiszeichen, das zum Zeitpunkt der Geburt und am Ort der Geburt gerade am östlichen Horizont aufging. Während man für das „Sternzeichen" lediglich seinen Geburtstag kennen muss, ist für den Aszendenten auch die Geburtsminute und die geographische Lage des Geburtsorts wichtig. Am Ende dieses Buches finden Sie eine Übersicht, mit der Sie Ihren Aszendenten ganz leicht selbst bestimmen können. Die Sonne steht aus astrologischer Sicht dafür, was wir von uns zeigen – „die Sonne bringt es an den Tag". Der Aszendent hingegen verweist eher darauf, wer wir in unserem Inneren wirklich sind. Auf eine Formel gebracht: Das „Sternzeichen" offenbart etwas über unser sichtbares Verhalten, der Aszendent über unsere eher unsichtbaren Anlagen, die wir ins Leben mitgebracht haben. So gesehen beeinflusst der Aszendent unsere Art und Weise, auf die Welt zuzugehen: Er verändert das typische Verhalten unseres „Sternzeichens" und verleiht ihm eine individuelle Note. So erfahren Sie genauer, welcher Typ Jungfrau in Ihnen steckt. Mit diesem Wissen ist es Ihnen nun möglich, noch genauer für sich zu bestimmen, welche Bedürfnisse in Ihnen durch die Anregungen und Vorschläge in diesem Buch geweckt und ausgeglichen werden können.

ASZENDENTENTYPEN

Die folgenden Aszendenten-Beschreibungen sind nur zu verstehen, wenn sie im Zusammenhang mit Ihrer Jungfrau-Sonne gesehen werden.

ASZENDENT WIDDER – DER GRÜNDLICHE

Sie nehmen es gerne ganz genau. Sie beobachten Ihre Umwelt und verstehen es, immer zur rechten Zeit am rechten Ort zu sein. Für jede Eventualität sind Sie gewappnet und auf jede Situation haben Sie eine passende Antwort parat. Manchen erscheinen Sie deshalb zu perfekt, zu glatt, zu „farblos“. Das aber wird Ihnen in keiner Weise gerecht!

- **Ihre Herausforderung: Kanten zeigen!**

ASZENDENT STIER – DER VITALE

Leben und leben lassen – das ist Ihre Maxime. Nichts kann Sie bewegen, wenn es nicht in irgendeiner Weise Ihre Lust am Leben stimuliert. Dabei schlagen Sie schon mal über die Stränge, was soll's. Doch jeder muss für seine Handlungen geradestehen: Nicht über alles sieht die Mitwelt hinweg.

- **Ihre Herausforderung: Verantwortung übernehmen!**

ASZENDENT ZWILLINGE – DER EMPFINDSAME

Ihre große Stärke ist die Intuition und Sie verlassen sich gerne auf Ihr Gefühl. Zugleich sind Sie aber kein besonders offener Mensch und halten sich lieber zurück, als Ihre Ansichten lautstark und mit Nachdruck zu vertreten. Doch nur in der Konfrontation mit der Umwelt und mit anderen Menschen ist eine Entwicklung der Persönlichkeit möglich.

- **Ihre Herausforderung: Konfrontation!**

ASZENDENT KREBS – DER VIELSEITIGE

Ihre Interessen sind vielfältig und Sie tanzen gerne auf allen Hochzeiten. Manch einer hält Sie da schon mal für oberflächlich. Doch gerade Ihr kommunikatives Talent ist Ihre Stärke. Schalten Sie auch mal einen Gang zurück: Nicht jeder besitzt eine so rasche Auffassungsgabe.

- **Ihre Herausforderung: In die Tiefe gehen!**

ASZENDENT LÖWE – DER SINNLICHE

Ihre praktische Veranlagung und Ihre Beharrlichkeit bringen Ihnen den Ruf großer Zuverlässigkeit ein. Sie lieben es, die Dinge beim Werden zu beobachten und sie mit allen Sinnen zu erfassen und zu genießen. Sicherheit ist in Ihrem Leben ein sehr hoher Wert und dies macht Sie manchmal auch zu einem eher unflexiblen Zeitgenossen.

- **Ihre Herausforderung: Mut zur Veränderung!**

ASZENDENT JUNGFRAU – DER EIGENSINNIGE

Sie sind eigenständig und selbstbewusst, nichts ist Ihnen wichtiger, als sich selbst gegenüber aufrichtig zu sein. Unabhängigkeit ist Ihr zentrales Thema – weshalb andere Sie leicht als egozentrisch einstufen. Ein wenig Diplomatie im Umgang mit anderen kann also nicht schaden.

- **Ihre Herausforderung: Sich anderen öffnen!**

ASZENDENT WAAGE – DER VERBORGENE

Sie zeigen Ihre Kraft nicht gerne offen, sondern spielen lieber mit verdeckten Karten. Der Erfolg gibt Ihnen Recht. Doch mancher meint, Sie würden sich durchs Leben mogeln und fühlt sich hintergangen.

- **Ihre Herausforderung: Farbe bekennen!**

ASZENDENT SKORPION – DER INDIVIDUELLE

Sie sind der geborene Individualist! Und damit haben Sie es nicht immer leicht, denn oft beseelt Sie Widerspruchsgeist. Sie springen gerne aus der Norm, doch dahinter steckt die Angst, im Verhalten festgelegt zu werden. Aber das Leben ist ein konstruktives Miteinander.

- **Ihre Herausforderung: Nicht im Widerspruch verheddern!**

ASZENDENT SCHÜTZE – DER EHRGEIZIGE

Ihnen ist es wichtig, nicht nur voran zu kommen, sondern dabei auch hohe Ziele zu verwirklichen. So löblich diese Einstellung ist, Sie sollten aufpassen, die Dinge nicht übers Knie zu brechen und dabei auf Dauer Raubbau an den eigenen Ressourcen zu betreiben.

- **Ihre Herausforderung: Innerlich zur Ruhe finden!**

ASZENDENT STEINBOCK – DER GROSSZÜGIGE

Großzügigkeit ist Ihre Stärke: Wo auch immer Sie können, unterstützen Sie andere tatkräftig. Doch wirklich uneigennützig ist Ihr Verhalten nicht. Dahinter steht ein großes Bedürfnis nach Anerkennung und Bestätigung. Machen Sie sich nicht abhängig vom Urteil anderer: Letztlich kommt es nur darauf an, dass Sie selbst mit sich zufrieden sind!

- **Ihre Herausforderung: Uneigennützig sein!**

ASZENDENT WASSERMANN – DER KONSEQUENTE

Sie sind, was Ihre Ziele im Leben angeht, unbeirrbar: Was Sie sich einmal in den Kopf gesetzt haben, das ziehen Sie auch durch. Weniger wohlgesinnte Stimmen bezeichnen Sie als unbelehrbar. In der Tat wäre manchmal eine Kurskorrektur für den Erfolg einer Unternehmung förderlicher als ein stures Festhalten an einmal getroffenen Beschlüssen.

- **Ihre Herausforderung: Die Dinge geschehen lassen!**

ASZENDENT FISCHE – DER KONTAKTFREUDIGE

Kein Tag ohne Langeweile – das wünschen Sie sich und sind stetig auf der Suche nach neuen Impulsen, neuen Gedanken, neuen Kontakten. Das „stille Kämmerlein“ ist nichts für Sie. Und hierin liegt Ihr Problem: Sie können nicht wirklich alleine mit sich selbst sein, in das eigene Innere lauschen und den eigenen Bedürfnissen nachforschen.

- **Ihre Herausforderung: Die eigenen Bedürfnisse spüren!**

ZWEITES KAPITEL

Die Jungfrau in Harmonie

Nicht immer können wir die Eigenschaften unseres Zeichens in ihren positivsten Ausprägungen an uns erleben. Verschiedene Einflüsse aus der Umwelt, Stress und Überlastung, aber auch Unterforderung und mangelnde Anerkennung unserer Fähigkeiten, bringen uns aus dem Gleichgewicht. Wir sind nicht im Einklang mit unseren Bedürfnissen. Wenn wir nicht in unserer Mitte sind, beginnen wir uns unwohl zu fühlen. Ob Sie zurzeit eher der unausgelasteten oder der überforderten Jungfrau entsprechen oder ob Sie gar im Lot mit Ihren Jungfrau-Kräften sind, verrät Ihnen der folgende Test. Im Anschluss erfahren Sie in einem Überblick alles über die drei Jungfrautypen und worauf Sie achten müssen.

WELCHER JUNGFRAUTYP SIND SIE?

1. Welche der folgenden Aussagen entspricht zurzeit am ehesten Ihrem Lebensgefühl?

a) Bescheidenheit ist eine Zier. 0

b) Da könnte ja jeder kommen! 2

c) Lasst mich nur machen! 1

2. Wie kommen Sie augenblicklich mit den alltäglichen Dingen zurecht?

a) Schlecht – niemand kann es mir recht machen! 2

b) Ich habe gut zu tun – aber das soll mir nur recht sein. 1

c) Schlecht, ich kann es niemandem recht machen! 0

3. Für welches Motiv würden Sie sich spontan entscheiden?

a) Ein goldenes Weizenfeld. 1

b) Ein Schloss. 0

c) Weintrauben auf einem Teller. 2

4. Stellen Sie sich vor, Sie könnten sofort in die Ferien aufbrechen – was wäre Ihr Traumurlaub?

a) Mit dem Segelboot von Insel zu Insel. 1

b) Campingplatz am Mittelmeer. 2

c) Daheim bleiben. 0

5. Was stört Sie an Ihren Mitmenschen zurzeit am meisten?

a) Pedanterie. 2

b) Feigheit. 0

c) Eigentlich nichts. 1

6. Um gut mit anderen auskommen zu können, ist es zurzeit wichtig für Sie, dass Sie

a) gebraucht werden und Ihre Fähigkeiten einsetzen können. 1

b) nicht überfordert werden. 0

c) nicht mit Spinnereien aufgehalten werden. 2

7. Was schätzen Sie an anderen Menschen zurzeit am meisten?

a) Mut. 0

b) Lässigkeit. 2

c) Fleiß. 1

Zählen Sie alle Punkte zusammen und vergleichen Sie: 0 – 4 Punkte: Die unausgelastete Jungfrau; 5 – 10 Punkte: Die Jungfrau im Lot; 11 – 14 Punkte: Die überforderte Jungfrau

DIE JUNGFRAU IM LOT

Wenn Sie sich als Jungfrau in einem ausgeglichenen Zustand befinden, sind Sie eine echte Bereicherung für Ihre Umwelt. Ihr analytischer Verstand und Ihre Einfühlsamkeit können sich voll und ganz zugunsten Ihrer Mitmenschen entfalten. Sie selbst haben das gute Gefühl, mitten im Leben zu stehen und für das, was Sie leisten, anerkannt zu werden. Man schätzt Ihre Uneigennützigkeit und Ihre Zurückhaltung. Man weiß, dass Sie großen Wert darauf legen, niemanden vor den Kopf zu stoßen und doch Ihre Meinung klar und deutlich auszudrücken. Von Ihnen kann man lernen, selbst knifflige Kritikpunkte so zu formulieren, dass der andere sich nicht gleich auf den Schlips getreten fühlt. Gerne überantwortet man Ihnen die Planung und die Umsetzung von Gemeinschaftsprojekten, weil man weiß, dass Sie die Sache im Griff haben und größte Sorgfalt walten lassen. Zugleich sind Sie ein umgänglicher Mensch, der für jeden ein offenes Ohr hat und Krisensituationen mit Bravour zu meistern versteht.

- **Auch wenn Sie sich zurzeit in einem ausgewogenen Jungfrau-Zustand befinden, können die Anregungen in diesem Buch dazu beitragen, diesen Zustand zu vertiefen. Sie haben im Augenblick die besten Karten, Körper, Seele und Geist dauerhaft in Einklang zu bringen.**

DIE UNAUSGELASTETE JUNGFRAU

Die unausgelastete Jungfrau verfügt nicht über genug Energie, um die positiven Seiten ihrer Persönlichkeit angemessen zu entfalten. Das Ergebnis ist ein defensives Verhalten, das es nahezu unmöglich macht, auf die eigenen Kosten zu kommen. So wird sie zum Spielball der Bedürfnisse anderer. Um das zu umgehen, versucht die unausgelastete Jungfrau, so wenig wie möglich aufzufallen. Sie denkt sich: Wer sich anpasst, kommt ungeschoren davon. Wovor die Jungfrau eigentlich Angst hat, weiß sie oft selbst nicht so genau – wahrscheinlich aber am allermeisten vor sich selbst und vor der eigenen Courage. So bleibt sie lieber die „graue Maus", spielt das Veilchen, das im Verborgenen blüht, als dass sie zeigt, was sie zu bieten hat.

- **Stellen Sie Ihr Licht nicht länger unter den Scheffel. Spüren Sie in sich hinein und hören Sie auf sich selbst: Sie werden feststellen, dass Sie etwas Besonderes sind. Ihr Platz in der Welt sollte nicht durch Grenzen bestimmt sein, die andere Ihnen vorgeben, sondern Sie müssen sich den Freiraum nehmen, der Ihnen zusteht. Wenn Sie anfangen, sich Ihren Platz in der Welt zu erobern, wird Ihnen das niemand übel nehmen – im Gegenteil: Man wird Ihnen endlich den Respekt entgegenbringen, den Sie verdienen. Ihnen können die Vorschläge in diesem Buch besonders dazu dienen, sich wieder auf die Urkraft der Jungfrau in Ihnen zu besinnen.**

DIE ÜBERFORDERTE JUNGFRAU

Wenn die Jungfrau ihre Kräfte überstrapaziert, kann sie päpstlicher sein als der Papst. Nichts entgeht ihrem kritischen Blick. Gnadenlos überwacht sie ihre Umwelt und achtet aufs peinlichste darauf, dass alles genauso vonstatten geht, wie sie es sich vorgestellt hat. Abweichungen duldet sie nicht. Da kann es schon mal vorkommen, dass sie von ihrer Umwelt für zwanghaft und pedantisch gehalten wird. In solchen Phasen ist ihre Gegenwart nur den weniger Zartbesaiteten wirklich zuzumuten, denn wenn man in das Feuer ihrer Kritik gerät, werden einem die kleinsten Vergehen, die minimalsten Abweichungen vorgehalten. Und wenn es ganz arg kommt, werden auch noch die Missetaten aufgetischt, die längst verjährt sind.

• Wer so hart mit anderen ins Gericht geht, zeigt sich nicht gerade von seiner Schokoladenseite! Der Eindruck, den Sie bei anderen hinterlassen, wird Ihnen gar nicht gerecht. Als Jungfrau besitzen Sie ein hohes Einfühlungsvermögen – und Ihre engstirnige Reaktion ist wahrscheinlich nichts anderes als der Versuch, sich zu schützen. Sicher, Abgrenzung ist wichtig. Aber müssen Sie deshalb gleich Mauern aus Skepsis und Misstrauen um sich herum aufbauen? Besinnen Sie sich lieber auf Ihre Fähigkeiten, das rechte Maß zwischen Ihren eigenen Bedürfnissen und den Bedürfnissen der anderen zu finden. Die Vorschläge in diesem Buch werden Sie wieder in einen ausgeglichenen Jungfrau-Zustand versetzen. Sie können Ihnen helfen, mit Ihren Kräften besser hauszuhalten und sie sinnvoll einzusetzen.

DRITTES KAPITEL

Unsere Sinne – Tore zur Seele

Unsere fünf Sinne sind der Schlüssel zur Welt und das Tor zur Balance von Körper, Seele und Geist. Die Stimulation der fünf Sinne übt eine positive Wirkung auf die physische und psychische Gesundheit aus.
Wenn wir die fünf Sinne positiv anregen, zum Beispiel über schöne Farben, schmeichelnde Formen und angenehme Düfte, wird das mittels Hormone an unser Immunsystem weitergeleitet. Die Aktivierung der Zellen des Immunsystems wiederum bringt Körper und Seele wieder ins Gleichgewicht, wo sie aus dem Lot geraten sind, sei es durch zu wenig Aufmerksamkeit für ihre Bedürfnisse, sei es durch Überbeanspruchung.
Auch die negative Stimulation der fünf Sinne – zum Beispiel durch Stress, laute Geräusche, Geruchsbelästigung und optische Reizüberflutung – setzt Hormonen frei, die aber das Immunsystem schwächen. Sie verteilen sich im Körper und stören das innere Gleichgewicht – wir geraten aus dem Lot.
Sich mit der Kraft der fünf Sinne ins Gleichgewicht zu bringen bedeutet deshalb, sich auf sich selbst zu *be*sinnen, die Tore der Seele zu öffnen und die des Alltags hinter sich zu schließen. Nur so können wir wieder Kraft aus uns selbst schöpfen, um das Leben als einen Strom des Glücks und der Zufriedenheit zu erleben.

DIE FARBEN DES SOMMERS, DER SICH NEIGT

Die Farben der Jungfrau sind die Farben eines Weges, der sich in eine sanfte Hügellandschaft schmiegt: das Grau der steinernen Wegmarken, die den erdfarbenen Weg säumen, das Grün der Wiesen, das sich bis zum Horizont erstreckt, während ein Vlies aus weißen Schäfchenwolken den Himmel bedeckt. Der Sommer neigt sich seinem Ende entgegen.

DIE FARBEN DER JUNGFRAU SIND:

30 % Grün

30 % Braun

20 % Grau

20 % Weiß

Um die richtige Jungfrau-Qualität zu erzielen, kommt es auf das Mischungsverhältnis der Farben untereinander an: Die Prozentangaben sollen Ihnen einen Eindruck von der Gewichtung der einzelnen Farben geben.

Braun ist die dunkelste aller Mischfarben und erinnert uns in all seinen Schattierungen an die Erde: Ob als Bronze, Kaffeebraun, Schokoladenbraun, Lehmfarben, Ocker, Sandfarben, Schmutzbraun oder Kastanienbraun – kaum eine andere Farbe weckt eine solche Vielfalt von Stimmungen. Braun bedeutet Stabilität, Sicherheit – eben den Boden unter den Füßen zu haben. Braune Möbel geben einem Raum den Anstrich von Gemütlichkeit und Geborgenheit. Braun hat aber auch etwas Konservatives, Nostalgisches, ja Altmodisches: Es ist eine unbewegliche Farbe, wirkt deshalb beständig und beruhigend in unserer schnelllebigen Zeit. Braun ergänzt das lebendige Grün der Jungfrau mit irdischer Pragmatik. Es entspricht ihrem Wunsch nach Sicherheit und ihrer Skepsis gegenüber allem Neuen.

Grün ist die Farbe des Pflanzenreiches und überall, wo wir auf Grün stoßen, assoziieren wir das Wachstum in der Natur. Grün ist die Farbe des Lebens selbst: Was grün ist, wirkt frisch, vital und gesund. Bekanntlich beruhigt Grün, denn es ist eine Farbe der Mitte, betrachten wir ihre psychologische Wirkung auf uns, ist sie weder zu heiß noch zu kalt. Es macht ruhig, ohne zu ermüden, verspricht angenehme, belebende Erholung, wenn wir zum Beispiel „ins Grüne“ fahren. Für die Jungfrau ist Grün eine sehr wichtige Farbe, denn sie gleicht die tendenzielle Schwerfälligkeit der Grundfarbe Braun aus und nimmt ihr das Dunkle und Dumpfe. Grün verhindert, dass Braun zur Farbe des Abgestorbenen, Welken wird und bewirkt, dass man es vielmehr als Nährboden für neue Impulse und frische Ideen sieht.

Grau „Grau, treuer Freund, ist alle Theorie" – wie wenig passt doch dieser berühmte Spruch aus Goethes Faust auf die praxisorientierte Jungfrau! Und dennoch ist Grau wohl die typischste Farbe für dieses Zeichen: Zum einen steht Grau für das Unscheinbare, das Unauffällige, während es zum anderen keine andere Farbe gibt, die wandlungsfähiger ist – neben Blau kommt Grau völlig anders zur Geltung als neben Gelb oder Braun! Interessanterweise verbinden viele Menschen gerade die herausragenden Tugenden Pünktlichkeit, Sachlichkeit, Neutralität mit Grau – alles Eigenschaften, die der Jungfrau nicht unbekannt sind. Grau weist für die Jungfrau auf die positiven wie die negativen Seiten ihrer Anpassungsfähigkeit hin. Um die positiven Seiten zu betonen, sollte stets Weiß mit von der Partie sein.

Weiß ist im strengen Sinne keine Farbe – es ist eigentlich die Summe aller Farben des Lichts! Eine der wichtigsten Merkmale von Weiß ist seine Neutralität: Es ist die Farbe des Anfangs, das weiße Blatt Papier, auf dem noch nichts geschrieben steht und somit keinerlei Aussage besitzt, außer dass alles noch möglich ist. Weiß gilt auch als Farbe der Reinheit und der Unschuld, vor allem aber als Farbe der Klarheit. So spiegelt Weiß für die Jungfrau in erster Linie ihre Unvoreingenommenheit der Welt gegenüber wider. Zugleich veredelt Weiß diese neutrale Haltung, denn sie verpflichtet zur Wahrheit, Ehrlichkeit und Bescheidenheit – und das steht der opportunistischen Jungfrau manchmal ganz gut zu Gesicht.

FARBEN IN IHRER UMGEBUNG

Wer sich mit Gegenständen und Accessoires aus der Palette der Jungfrau-Farben umgibt, wird schon bald die entsprechende Stimmung spüren. Das können Bilder oder Poster an der Wand sein, aber auch eine kleine Skulptur auf dem Nachttisch, der Briefbeschwerer auf dem Schreibtisch, der Türkranz, eine Schale mit bunten Steinen, ein Blumenstrauß oder andere Dekorationsstücke, die Ihnen gefallen. Achten Sie bei der Wahl darauf, dass die *Farben* des Gegenstandes das Hauptaugenmerk auf sich ziehen und nicht so sehr seine Form oder sein Inhalt – und stellen Sie ihn an einer augenfälligen Stelle des Zimmers auf, in dem Sie die entsprechende Atmosphäre erzeugen wollen, sodass Sie ihn, sooft Sie wollen, ansehen können.

FARBEN IN IHRER KLEIDUNG

Es ist kein Geheimnis, dass die Farben unserer Kleidung unser Verhältnis zur Umwelt prägen und damit das Verhalten und die Stimmungen in unserer Umwelt beeinflussen können. Wenn Sie im Sinne Ihres Tierkreiszeichens Einfluss nehmen möchten, wählen Sie entweder gezielt eine Hose, eine Bluse, einen Rock oder einen Schal usw. in den entsprechenden Farben aus. Achten Sie dabei ganz besonders auf das prozentuale Verhältnis: Farben, die nicht so dominant in Erscheinung treten sollen, sind besser geeignet für Accessoires und Schmuckstücke, zum Beispiel eine Kette, ein Armband oder ein Tuch, während die Hauptfarben den Grundton der Kleidung ausmachen können.

LICHTBAD

Nehmen Sie ein Lichtbad! Dazu besorgen Sie sich handelsübliche Farblampen in den gewünschten Farben – zumeist werden sie in den Grundfarben Gelb, Rot, Grün und Blau angeboten. Oder Sie nehmen eine normale Lampe und bringen an ihr einen Farbfilter, zum Beispiel eine Farbfolie, an. Dann wählen Sie sich einen Raum aus, in dem Sie eine Viertelstunde ungestört zubringen können. Diesen Raum tauchen Sie in farbiges Licht – entweder einfarbig oder auch mehrere Farben mit verschiedenen Lampen. Am besten sind Stehlampen geeignet, deren Lampenkopf Sie so drehen können, dass er Ihren ganzen Körper bestrahlt. Legen oder setzen Sie sich dann bequem hin – wenn Sie möchten auch ganz ohne Bekleidung – und entspannen Sie sich. Vielleicht wählen Sie dazu eine passende Musik oder ein Duftöl aus, um die Stimmung zu intensivieren.

MODERATE TÖNE

Musik ist in erster Linie Geschmacksache und deshalb ist es schwer, hier Empfehlungen auszusprechen. Dennoch ist es nicht abwegig, von bestimmten Klangqualitäten zu sprechen, welche die typischen Eigenschaften der Jungfrau widerspiegeln und deshalb in der einen oder anderen Form die Jungfrau-Persönlichkeit ansprechen und energetisch ins Lot bringen können. Was ist das Typische an Jungfrau-Klängen? Sie sind fein, filigran, fast schwebend, aber niemals abgehoben. Sie bestechen durch klare Strukturen, fügen sich zu komplexen Gebilden zusammen, ohne wirklich miteinander zu verschmelzen. Die Jungfrau ist ein Zeichen der Erde, aber sie verkörpert nicht ihren statischen, unbeweglichen Aspekt. Vielmehr gleicht sie einer Tänzerin oder Akrobatin, die sich leichtfüßig über die Oberfläche hinweg bewegt, sich vom Untergrund abstößt und sich die Schwerkraft zunutze macht, um allerlei Kunststücke zu vollbringen. Deshalb haben Jungfrau-Klänge auch etwas Tänzelndes, Zartes.

KLÄNGE UND GERÄUSCHE

Jungfrau-Klänge sind oft Klänge des Arbeitens. Man könnte an das Schnurren eines Spinnrades denken, an das Tackern einer Schreibmaschine, der kritzelnde Bleistift auf dem Stenoblock, das flinke Geklapper der Stricknadeln oder auch das rhythmische Schnittgeräusch, wenn die Sense durch das Getreide fährt. Überhaupt entsprechen der Jungfrau alle Laute, bei denen man hinhören muss und die Gefahr laufen, im allgemeinen Geräuschpegel des Alltags unterzugehen: das Ticken einer Uhr, das geflüsterte Gespräch am Nachbartisch, das Rascheln des Zeitungspapiers beim Umblättern oder das feine Klopfen des Regens an die Fensterscheibe. In der Natur achtet die Jungfrau gern auf das Wispern der Blätter, das Säuseln des Windes und das Murmeln eines Baches. Aus der Ferne trägt der Wind das Blöken von Schafen an ihr Ohr oder das emsige Summen von Bienen auf der Suche nach Nektar.

INSTRUMENTE UND MUSIK

Instrumente, die dem Wesen der Jungfrau entsprechen, weisen ebenfalls Klangqualitäten auf, die sehr fein sein können und eine bestimmte Lautstärke nicht überschreiten: allen voran das Cembalo oder das Spinett, die mit ihren filigranen Zupfklängen die Jungfrau verzaubern können, aber auch das Glockenspiel und sogar die Triangel. Auch die rustikaleren Töne eines leicht metallischen, schwebenden Klanges liegen ihr, wie zum Beispiel beim Hackbrett oder der Zither. Doch sollte man von diesen Instrumenten nicht auf Vorlieben für eine bestimmte Folklore schließen: Vielmehr sucht die Jungfrau bei Musik auch nach Inhalten. Daher mag sie Musik, die sich dem Wort mit seiner Botschaft unterordnet und Raum lässt für eigene Gedanken, zum Beispiel von Interpreten wie Joan Baez, Wolf Biermann, Georg Danzer, Suzanne Vega, Leonard Cohen oder Cat Stevens. Da die Jungfrau für Trends nichts übrig hat, ist ihr Musikgeschmack in der Regel sehr breit – von mittelalterlichem Minnesang über Ballettmusik wie *Schwanensee* oder *Nussknacker* bis hin zu den rockigeren Klängen eines Phil Collins oder einer Patty Smith.

EINE NASE FÜR DIE FEINEN UNTERSCHIEDE

Die Jungfrau – so sagt man – hat ein besonders feines Näschen: Wie kein anderes Zeichen versteht sie es, zwischen den unzähligen Duftnoten und Nuancen zu unterscheiden. Die Jungfrau lässt sich gerne von ihrer Nase führen: Sie liebt es, etwas nach seinem Aroma einzuschätzen und vor allen Dingen die Wirkung von Düften auf das psychische Gleichgewicht zu studieren.

RÄUCHERMISCHUNG

2 TL Benzoe Sumatra – Ein bisschen wie Schokolade duftet das Harz der Sumatra-Benzoe. Und ähnlich entspannend und ausgleichend wirkt es auch auf das Gemüt: Es umgibt uns mit einer schützende Hülle der Geborgenheit.

2 TL Opoponax – Der Duft von Opoponax erinnert an Wald und frische Erde. Es wirkt stark erdend, reinigt den Geist und hilft der verletzlichen Seele der Jungfrau, sich zu heilen und sich wieder auf sich selbst zu besinnen.

1 TL Myrte – Myrte wurde schon immer zur Unterstützung geistiger Klarheit und Reinheit entzündet. Sie stärkt die Aufmerksamkeit und ermöglicht den entspannten Blick auf das Detail.

1 TL Styraxbalsam – Styrax, der „flüssige Bernstein“, wird zum Räuchern in Form von mit Balsam getränkter Holzkohle angeboten. Es duftet angenehm lieblich und schafft eine zärtliche, sehr sensible Atmosphäre. Es vertreibt negative Gedanken und löst seelische Spannungen.

1/2 TL Beifuß – Beifuß gehört zu den heiligen Kräutern und wurde schon früh in der Volksmedizin eingesetzt. Es verbrennt mit einem würzigen, krautigen Duft, der nicht nur alles Böse bannen soll, sondern auch Hellsichtigkeit fördert.

1/2 TL Eisenkraut – Eisenkraut – ebenfalls in vielen Kulturen Europas ein heiliges Kraut – wurde magische Kräfte nachgesagt. Einige behaupteten sogar, es könne alle Krankheiten heilen. Sein frischer, zitroniger Duft reinigt den Geist und sorgt für Schutz.

AROMAÖLE

Auch die beliebten Duftöle, die in speziellen Gefäßen, am besten aus Keramik, auf Wasser geträufelt werden, das erwärmt wird und die Öle verdunsten lässt, erwecken die Welt der Jungfrau-Düfte zum Leben; ganz nebenbei erfordern sie einen geringeren Aufwand. Daneben lassen sich viele Öle auch anders zum Einsatz bringen: als Raumerfrischer, als Massageölzusatz oder als Badezusatz.

Tipps im Umgang mit Aromaölen

- **Bringen Sie niemals das reine Öl mit der Haut in Kontakt. Wenn Sie zu Allergien neigen oder eine empfindliche Haut haben, testen Sie zuerst in der Armbeuge, ob Sie das Öl vertragen. Tupfen Sie sich ganz wenig in die Armbeuge: Sobald sich eine Rötung abzeichnet oder eine andere Hautreaktion einstellt, verzichten Sie auf dieses Öl!**
- **Verwenden Sie immer beste, naturreine ätherische Öle!**

Aromalampe Geben Sie in eine Aromalampe 5 bis 15 Tropfen eines Öls oder einer Mischung. Seien Sie am Anfang eher vorsichtig und beginnen Sie lieber mit kleineren Dosen, die Sie dann bei Bedarf nach und nach steigern können.

Badezusatz Lösen Sie 4 bis 6 Tropfen des ätherischen Öls in etwa 4 Esslöffel Akazienhonig oder Sahne auf und geben Sie die Mischung Ihrem Badewasser zu.

Körperöl, Massageöl Mischen Sie 100 ml eines hochwertigen, kaltgepressten Pflanzenöls (am besten Jojobaöl, Olivenöl oder Hanföl) mit 30 bis 40 Tropfen des ätherischen Öls. Vermengen Sie das Ganze durch kräftiges Schütteln und lassen Sie die Mischung 2 bis 3 Wochen reifen.

DUFTÖLE

Die hier ausgewählten Duftöle haben eines gemeinsam: Sie wirken wie Balsam auf die empfindsame Seele der Jungfrau und sorgen für eine sanfte Balance zwischen Körper, Seele und Geist.

Dillöl Dieses Öl zeichnet sich durch seine besonders sanfte Wirkweise aus und ist deshalb für die zart besaitete Jungfrau ganz besonders interessant: Es bringt die beunruhigte Seele wieder ins Lot und löst bestehende seelische Blockaden wie im Frühling dahinschmelzender Schnee.

- **Zur Nervenberuhigung hat sich auch eine Mischung von Dill und Römischer Kamille zu gleichen Teilen bewährt.**

Mimoseöl Warm und süß duftet das Mimosenöl und tut der empfindsamen Seele einfach gut. Es gibt Vertrauen in die eigenen Handlungen und wärmt von innen. Der zärtliche Blütenduft hat sogar ein leicht aphrodisierende Wirkung. Einer der schönsten Düfte für die Jungfrau!

- **Geben Sie 5 Tropfen Mimosenöl in etwas Sahne gemischt in ein Vollbad, in dem sich die Seele kuscheln kann.**

Zirbelkieferöl Mut und Selbstvertrauen – das ist die Botschaft dieses Öls. Es stärkt nicht nur die Seele gegen die Widrigkeiten des Alltags, sondern gibt auch Kraft, den eigenen Weg nicht aus den Augen zu verlieren. Es reinigt die Atmosphäre und schafft dadurch klare Verhältnisse.

- **Eine starke Mischung: 5 Tropfen Zirbelkiefer, 3 Tropfen Lemongras, 2 Tropfen Neroli.**

Ravensaraöl Der unaufdringliche, angenehme Duft dieses Öls steht im Kontrast zu seiner starken Wirkung: Er reinigt und desinfiziert die Luft und weckt daher bei der Jungfrau ihre besten Eigenschaften. Freundlich, aber bestimmt hilft dieser Duft dabei, sich abzugrenzen, wo es erwünscht ist.

- **Verwenden Sie Ravensaraöl mit Orangeöl für ein wärmendes und kräftigendes Massageöl!**

Veilchenblätteröl Veilchen – sie blühen im Verborgenen und strömen einen feinen Duft aus. Das Öl aus den Blättern erinnert an die beschauliche Ruhe eines Waldes und wirkt inspirierend und wärmend zugleich. Es nimmt dem Leben seinen Ernst und lindert Stress und Gereiztheit im Nu.

- **Probieren Sie Veilchenblätteröl am besten „pur“: Geben Sie auf 100 ml Jojobaöl nur 1 bis 3 Tropfen und lassen diese Mischung 3 Wochen reifen.**

GESUNDE KOST UND HEILKRAFT AUS DER NATUR

Die Jungfrau besitzt ein sehr feines Gespür für geschmackliche Nuancen, insbesondere wenn es darum geht, unter den Nahrungsmitteln die Spreu vom Weizen zu trennen. Deshalb kommt es ihr nicht so sehr auf das Äußere eines Lebensmittels an, sondern es ist das Innere, das bei ihr zählt. So studiert sie gerne die Liste der Inhaltsstoffe auf den Verpackungen, prüft und wägt ab, bevor sie entscheidet.

OBST UND GEMÜSE

Eigentlich ist die Jungfrau kein Genießertyp, und doch legt sie großen Wert auf beste Qualität – einfach der Gesundheit zuliebe. Und so kommt es, dass ungeachtet ihrer eher nüchternen Einstellung oft die leckersten und wohlschmeckendsten Früchte bei ihr aufgetischt werden – ganz besonders dann, wenn sie davon überzeugt ist, dass sie auch noch besondere Heilkräfte aufweisen.

Pflaume Jungfrau-Zeit ist Pflaumenzeit! Ob Zwetschge, Mirabelle, Renekloden – sie alle gehören zu den beliebtesten Früchten des Sommers. Und wie es sich für eine Jungfrau-Frucht gehört, besticht sie nicht nur durch Spitzenwerte an bestimmten Inhaltsstoffen, sondern überzeugt durch ihr Gesamtangebot an Vitaminen und Spurenelementen in perfekter Balance. Pflaumen sind nicht umsonst die idealen Begleiter für

Diäten und ihr regelmäßiger Verzehr ist wie eine Rundum-Gesund-Kur für Leib und Seele: Essen Sie eine Woche lang jeden Tag 200 Gramm Pflaumen und nicht nur Pfunde schmelzen dahin, sondern auch Konzentrationsprobleme und nervöse Unruhe verfliegen.

Chicorée Gesundheitsbewusst wie sie ist, schätzt die Jungfrau Gemüse, das Nahrung zur Arznei werden lässt. Kaum ein anderes Gemüse ist solch ein echtes Heilgemüse wie der knackige Chicorée, der im Dunkeln gezüchtet wird und dessen Blätter deshalb bleich bleiben. Chicorée sorgt für beste Verwertung der Nahrung im Magen und ist ein Meister der Entgiftung im Darm. Der zart bittere Geschmack dieses Gemüses ergänzt sich im Übrigen hervorragend mit süßen Früchten: Probieren Sie doch mal einen Salat aus Chicorée, Orangen und Äpfeln!

Erbsen Manchmal wird die Jungfrau verächtlich als Erbsenzählerin hingestellt! Dabei sind Erbsen ein so vielfältiges und gesundes Gemüse: „Keine Küche ohne Erbsen!", wussten schon unsere Großmütter. 100 Gramm Erbsen versorgen uns mit zehnmal mehr Eiweiß als eine Bratwurst mit Pommes samt Sahnetorte zum Dessert. Dabei machen sie satt und geben uns eine gehörigen Portion des Nerven-Vitamins B1. Es ist deshalb kein Wunder, dass diese Hülsenfrüchte im Sommer frisch auf den Tisch der Jungfrau kommen – und im Winter aus der Tiefkühltruhe.

GEWÜRZE UND KRÄUTER

Wenn ein Tierkreiszeichen Gewürze liebt – dann die Jungfrau! All die vielen feinen Kräuter und Aromen finden einen festen Platz in ihrer Küche – meist säuberlich beschriftet. Auch Heilkräuter stehen bei ihr hoch im Kurs, denn gibt es etwas Vernünftigeres und Preisgünstigeres als Medizin aus der Apotheke Natur?

Veilchen An Zäunen, Hecken und Waldrändern finden wir sie: die tief violetten Blüten des Veilchens. Das Veilchen, das im Verborgenen blüht, ist von sprichwörtlicher Bescheidenheit und doch ist sein Purpur ein Zeichen der Macht. Es gehört zu einer der zähesten und weit verbreitetsten Pflanzenfamilien auf der Welt. Die Jungfrau hat im Veilchen deshalb so etwas wie eine Wappenblume gefunden, denn es zeigt, dass man sich im Leben auch ohne dramatischen Auftritt durchsetzen kann. Neben Veilchentee und Veilchenmarmelade gibt es auch noch die Möglichkeit, die Blüten des Veilchens frisch zu genießen: Probieren Sie doch mal Veilchen und Gänseblümchen als Zutat in Ihrem Salat!

Zitronenmelisse ist vielen bekannt als nervenberuhigender Tee, der gerade bei Schlafstörungen, Unruhe und Stress eine ausgezeichnete Wirksamkeit beweist. 3 Tassen mit je 3 Teelöffeln Melissenkraut zubereitet, schaffen Abhilfe. Oder Sie gönnen sich ein Melissenbad: 50 Gramm Melissenblätter mit 1 Liter Wasser übergießen und zum Sieden

bringen; nach zehn Minuten abseihen und in das Vollbad geben. Daneben aber ist sie auch dank ihres frischen und reinen Zitronenaromas ein interessantes Würzkraut zu Fisch, Geflügel, in Salaten, Suppen und Soßen. Probieren Sie auch einmal ein Nudelpesto aus frischer Zitronenmelisse!

Estragon Der Name Estragon geht auf das lateinische „draco“ für Drache zurück, weil man sich im Mittelalter schützende Wirkung gegen diese Untiere versprach – perfekt also für die Jungfrau, um sich ein Bollwerk gegen die Sticheleien und Ärgernisse zu schaffen, die ihr im Alltag begegnen. Noch dazu verströmt Estragon einen Geruch ganz nach ihrem Geschmack: ein bisschen wie Anis oder Fenchel, dort weitaus subtiler und komplexer. Dieses Würzkraut muss unbedingt frisch verwendet werden!

Majoran – sein süßlicher, leicht bitterer Duft ist schon seit alten Zeiten dafür bekannt, dass er die Seele stärkt und negative Kräfte austreibt. Als Gewürz schätzt man ihn weltweit. Vor allem im Mittelmeerraum wird er in fruchtigen Tomatensoßen mit Knoblauch kombiniert und hauptsächlich als frisches Kraut verwendet. Ganz allgemein wird schwer Verdauliches, zum Beispiel Kohl, durch die Beigabe dieses Gewürzes bekömmlicher.

VIEL FINGERSPITZENGEFÜHL

Kennen Sie das Märchen von der Prinzessin auf der Erbse? Dann wissen Sie in etwa einzuschätzen, wie es um die Empfindsamkeit der Jungfrau bestellt ist. Auf den ersten Blick scheint sie ein äußerst komplizierter Charakter zu sein. Darüber, was sich angenehm anfühlt und was nicht, hat sie äußerst vielschichtige Vorstellungen. Dahinter verbirgt sich der Wunsch der Jungfrau, dass alles „passt". Wie das geht, weiß sie leider auch nicht von Anfang an – und so bleibt nichts anderes übrig, als so lange zu probieren, bis der Schuh hundertprozentig sitzt oder die Nackenstütze im Auto wirklich bequem eingestellt ist.

SICH HERANTASTEN

Die Jungfrau hat Fingerspitzengefühl – so viel steht fest. Diese körperliche Empfindsamkeit ist Ausdruck ihrer seelischen Einfühlsamkeit und zeigt, wie sehr sie sich von dem, was um sie herum geschieht, berühren lässt. Das Spiel von Druck und Gegendruck, die Variation des Berührens – zupackend, streichelnd, fest, sanft, fordernd, nachgiebig –, der Widerstand der Gegenstände: Das alles macht den Tastsinn für die Jungfrau zu einem echten Erlebnis. Nehmen Sie sich in ruhigen Momenten einen beliebigen Gegenstand zur Hand, eine Frucht, einen gewöhnlichen Löffel, eine Tasse, ein Buch, und lassen Sie einfach die Finger darüber streichen. Schließen Sie dabei die Augen und konzentrieren Sie sich ausschließlich

darauf, was Sie spüren. Was erzählt Ihnen die Beschaffenheit der Oberfläche? Welche Gefühle weckt in Ihnen eine kalte, warme, weiche, harte, schroffe oder glatte Struktur? Nehmen Sie einen weichen, knetbaren Gegenstand in die eine und einen harten, starren Gegenstand in die andere Hand, zum Beispiel etwas Moos oder Knetgummi und einen Stein oder ein Stöckchen: Spüren Sie den Unterschied, fühlen Sie, wie anders die Empfindungen sind, die in Ihnen auftauchen. Wenn Sie wollen, lassen Sie sich von einer Freundin oder einem Freund mit verbundenen Augen Dinge in die Hand legen, und überlassen Sie sich dann ganz Ihrem Tastsinn.

SPÜRE DIE WELT!

Behutsam tastet sich die Jungfrau an die Welt heran – ohne Eile. Es geht ihr um jedes Detail, jede Nuance, jede noch so kleine Variation in der Umgebung. Um ihr Fingerspitzengefühl wirklich zur Geltung zu bringen, braucht sie Zeit, viel Zeit. Lassen Sie sich bloß nicht drängen! Suchen Sie den Kontakt zur Welt abseits von Stress und Hektik des Alltags und gönnen Sie sich eine Auszeit. Zwar brauchen Sie als Jungfrau den Kontakt zu anderen Menschen, denn Sie fühlen sich angewiesen auf ihr Feedback. Aber auch Sie müssen Ihre Kräfte erneuern, wenn Sie nicht ausgebrannt auf der Strecke bleiben wollen. Darum schließen Sie die Türe hinter sich und schalten Sie die Stimmen der Außenwelt einfach ab! Lauschen Sie nur Ihrer eigenen inneren Stimme, spüren Sie das Echo der Welt im Spiegel Ihrer eigenen Bedürfnisse!

HEILSTEINE

Heilsteine bieten eine besondere Form, fühlenderweise mit den Energien in Kontakt zu kommen, die Sie als Ausgleich benötigen. Dabei gibt es in der Regel nicht den *einen* Stein, der alle notwendigen Energien zur Verfügung stellt, sondern in Form, Farbe und Wirkung ganz unterschiedliche Minerale, die je nach aktuellem Bedürfnis eingesetzt werden können. Folgende Mineralien sind für die Jungfrau empfehlenswert:

Azurit-Malachit Dieser Stein ist eine Mischung aus blauem Azurit und grünem Malachit und bringt Gefühl und Verstand ins Gleichgewicht. Er fördert die Einsicht in die Zusammenhänge zwischen Körper und Seele und erhöht die Bereitschaft, sich mit anderen auseinanderzusetzen.

Markasit Der Stein für die Jungfrau, die sich ihrer eigenen Bedürfnisse deutlicher bewusst werden möchte. Mit seinem Metallglanz und seinen spitzen Formen zeigt er, wo wir unsere eigenen Wünsche ignorieren und uns selbst im Wege stehen und wie wir uns wieder auf uns selbst besinnen können.

Kunzit Die Fähigkeit zu Hingabe und Demut stärkt dieser fliederfarbene, durchsichtige Kristall. Er fördert die Fähigkeit, auf die Bedürfnisse anderer einzugehen und die eigenen Kräfte sinnvoll im Dienste anderer einzusetzen.

Howlith Wenn die Jungfrau vor lauter Pflichtbewusstsein vergisst zu leben, sorgt dieser elfenbeinfarbene, an Marmor erinnernde Stein dafür, wieder das Gleichgewicht zu finden zwischen Innen und Außen, zwischen dem, was man eigentlich will, und der Art, wie man sich selbst darstellt.

Chiastolith Nicht selten finden wir in diesem weißgrauen Stein ein schwarzes Kreuz eingebettet. Es erinnert die Jungfrau daran, die eigene Identität zu bewahren, nüchtern und realitätsnah zu bleiben und zugleich gegen Ängste und Gefühle der Überlastung gewappnet zu sein.

Weitere Heilsteine für die Jungfrau Beryll, Chrysopal, Prasem sind weitere Steine, die als Heilsteine gelten, weil sie positive Energien auf die Jungfrau-Persönlichkeit übertragen.

Steinformen Bei der Wahl der Heilsteine sollten Sie auch die Form berücksichtigen, denn sie verändert die Energie des Steins. Sofern es der Stein erlaubt, sollten Sie Trommelsteine bevorzugen, denn die Formen, die hier entstanden sind, wurden durch die innere Struktur des Steines bestimmt und bringen daher verborgene Qualitäten zutage. Lassen Sie sich von der Form des Steines inspirieren! Auch anderen Steinen kann durch ihre natürliche Form Jungfrau-Qualität innewohnen oder sogar durch speziellen Schliff verliehen werden. Diese Formen sind: Blatt, Halbkugel, Herz, Korb, Spindel.

BLOSS KEINE EXPERIMENTE! – DIE JUNGFRAU ZU HAUSE

Unsere Zuhause ist der Ort unseres Rückzuges. Jeder Mensch braucht das Gefühl, die Tür hinter sich zuziehen zu können und die Außenwelt draußen zu lassen. Für die Jungfrau muss das Zuhause neben allen praktischen Erfordernissen auch Qualitäten aufweisen, die ihren speziellen Wohlfühlbedürfnissen entsprechen.

SO WOHNT DIE JUNGFRAU

Für die Jungfrau ist die Wohnung ebenso ein zweckbestimmter Ort wie ihr Arbeitsplatz, ihr Lieblingsrestaurant oder das Fitness-Studio. In ihrer Wohnung ist alles funktionell, den Erfordernissen des Alltags angepasst: Nützlichkeit geht vor Ästhetik. Die Wohnung der Jungfrau besticht durch pragmatische Lösungen, wie sie nur selten in Katalogen zu finden sind, und zeugt vom Erfindungsreichtum ihrer Persönlichkeit.

EINRICHTUNGSTIPPS

Die Einrichtung der Jungfrau sollte deshalb …

… funktionell und pragmatisch sein: Die Jungfrau lehnt reine Dekoration ab. Die Dinge haben nur Berechtigung, wenn sie einem klaren Nutzen zugewiesen werden können.

… klar gegliedert und systematisch sein: Jedem Raum, jedem Möbel ist eine Funktion zugeteilt, die einzelnen Bereiche sollen sich nicht vermischen, selbst wenn in einem Raum mehrere Funktionen zusammengefasst werden müssen. Dem Hang zur Systematik entsprechen Schubläden und beschriftete Schachteln.

… solide und pflegeleicht sein: Schon beim Kauf prüft die Jungfrau sorgfältig die Qualität der Ware. Für sie zählt nicht das modische Design, sondern Kriterien wie solide Verarbeitung, Benutzerfreundlichkeit und das Preis-Leistungs-Verhältnis.

DEKOTIPPS

Dekorationen sind nicht Selbstzweck, sondern müssen dem Anlass entsprechen. Bei der Auswahl fragt sich die Jungfrau: Wenn ich es überhaupt brauche, wozu brauche ich es und kann ich es problemlos unterbringen, wenn ich es nicht mehr brauche? Ein typisches Jungfrau-Accessoir ist der Wechselrahmen: ein Gegenstand, viele Möglichkeiten.

Farbe Die Jungfrau setzt gedeckte, natürlich wirkende Farben ein. Sie wird Holz- und Erdtöne aufdringlicher Künstlichkeit stets vorziehen. Das strapazierfähige Linoleum in der Küche ist so gemustert, dass nicht jeder Dreck sofort auffällt. Schlichtheit ist oberstes Gebot, deswegen werden wir starke Kontraste und poppige Farben vergebens suchen.

Form In erster Linie gilt: keine Experimente, keine Extravaganz. Schöne Formen sind für sie praktische Formen: die stapelbaren Stühle, der genau ins Eck eingepasste Tisch, die Platz sparenden Dosen im Kühlschrank.

Material Die Jungfrau liebt gediegene und solide Materialien mit natürlicher Ausstrahlung – aber pflegeleicht müssen sie sein: lackiertes und gewachstes Holz, Laminat, Steingut, Baumwolle, Leinen und der robuste Jeansstoff. Parkett und geflieste Böden sind leicht zu reinigen und hygienischer als Teppiche.

Motive Zu einem ansprechenden Ambiente gehören auch die richtigen Motive für Bilder und Accessoires. So könnte zum Beispiel über dem Küchentisch ein Poster hängen, das eine Übersicht aller Varianten von Nudelsorten zeigt oder die Vielfalt von Gewürzen kulinarischen Genüssen zuordnet. Auch alte Stiche von Heilkräutern fügen sich in den Geschmack der Jungfrau. In der Kunst orientiert sie sich an naturalistischen Stilen bis hin zum Fotorealismus. In der Fotografie begeistern sie Abbildungen kulturell bedeutsamer Stätten wie der Akropolis, des Colosseums oder des Pariser Eiffelturms.

DIE WOHLFÜHL-OASE: IM KLOSTERGARTEN

Die Wohlfühl-Oase ist der Bereich, in dem die Jungfrau Muße findet, über sich zu reflektieren und Kraft für den Alltag zu tanken. Ob dafür ein eigener Raum zur Verfügung steht oder ob es sich auch nur um einen kleinen Winkel in einem Zimmer handelt – an diesem Ort sollte die Jungfrau ganz für sich und ungestört sein können. Die folgenden Anregungen können und sollen selbstverständlich an die eigenen Wünsche und Fantasien angepasst werden. Grundsätzliche gilt: Alles ist erlaubt, was Ihnen zum Thema Klostergarten einfällt! Ein kleiner Nutzgarten, ein Balkon, oder ein sonniges Eck in Ihrer Wohnung genügen. Schaffen Sie sich hier eine geeignete Sitzmöglichkeit, vielleicht ein kleines, gepolstertes Bänkchen. Schön wäre ein kleiner Kräutergarten auf stufenförmig angeordneten Regalen. Oder Sie besorgen sich ein formschönes Regal, in das Sie beschriftete Gläser mit getrockneten Kräutern stellen. Aus diesen können Sie sich dann einen Gesundheitstee zusammenmischen und ihn dort in Ruhe genießen. Ziehen Sie sich in Ihre Kloster-Oase zurück, um Handarbeiten zu machen, zu lesen oder einfach nur, um sich zu besinnen.

VIERTES KAPITEL

Die Jungfrau und die anderen

Eine der häufigsten Fragen, die Astrologen gestellt wird, lautet: „Welches Sternzeichen passt denn nun zu meinem?“ Man will wissen, ob die Liaison des Fisches mit der Jungfrau klappt oder ob sich eine Jungfrau mit einer Jungfrau den Arbeitsplatz teilen sollte.

WER PASST ZU WEM?

Wenn wir uns aber die Vielfalt an Beziehungen ansehen, so wird jeder schnell feststellen, dass es da keine festen Regeln geben kann. Es ist aber nicht die Frage, *ob* zwei Tierkreiszeichen zusammenpassen, sondern *welche Qualität* beide verbindet! Gerade das macht die Einzigartigkeit einer Beziehung aus.

JUNGFRAU UND WIDDER – EIN UNGLEICHES PAAR

Widder und Jungfrau scheinen sich auf den ersten Blick nicht viel zu sagen zu haben. Doch dieser Eindruck täuscht: Gerade aufgrund ihrer Gegensätzlichkeit finden diese beiden Zeichen oft zueinander. Der Widder liebt die Jungfrau, denn sie sorgt dafür, dass er im Eifer des Gefechts nicht das Wesentliche aus den Augen verliert. Auch die nüchterne Jungfrau profitiert vom Widder, denn es gefällt ihr, wie der Widder „Leben in die Bude“ bringt. Gerade dieses Wissen, was man am anderen hat, schafft die perfekte Symbiose von Geschwindigkeit und Gründlichkeit. Um aber dieses Gleichgewicht zu erhalten, müssen beide lernen, die Kritik des anderen zuzulassen. Dann gibt es für dieses ungleiche Paar kaum eine Hürde mehr.

JUNGFRAU UND STIER – ZU SCHÖN UND TROTZDEM WAHR

Stier und Jungfrau scheinen wie füreinander geschaffen! Beide sind materialistisch, praktisch und schätzen Tüchtigkeit. Natürlicher Respekt voreinander hilft die Grenzen des anderen zu wahren und ist Garant für ein taktvolles Miteinander. Erotisch herrscht Übereinstimmung. Beide sind auch gern zu Hause und pflegen das Heimelige. Was also steht einer dauerhaft glücklichen Verbindung im Weg? Vielleicht beider Hang zur Passivität, denn der kann auf Dauer zur Langeweile führen. Stier und Jungfrau tun gut daran, sich immer wieder gemeinsamen Aufgaben zu widmen, um sich ihre Dynamik zu erhalten.

JUNGFRAU UND ZWILLINGE – VON STUFE ZU STUFE

Am Anfang der Beziehung ist die Jungfrau meist geblendet. Wie weltgewandt und modern erscheint ihr der Zwilling. Und der Zwilling? Er sonnt sich in der Rolle des Bewunderten. Auf der zweiten Stufe ihrer Beziehung hat die Jungfrau bereits realistischer Vorstellungen von ihrem Partner. War sie sich zunächst ihm gegenüber etwas hausbacken vorgekommen, erwies sie sich inzwischen einige Male schlicht als die

Klügere. Heute weiß sie: Die Gründlichkeit ihrer Überlegungen macht sie zwar langsamer, doch im Ergebnis weit effektiver. Kein leichter Stand für den Zwilling. Wenn er aber bereit ist, von der Jungfrau zu lernen, sind die beiden ein gutes Team!

JUNGFRAU UND KREBS – FÜREINANDER DA

Die Aufmerksamkeit und Verlässlichkeit der Jungfrau geben dem Krebs das Gefühl der Geborgenheit, ohne das er sich in einer Beziehung nicht wohl fühlen würde. Die Aufrichtigkeit und das anhängliche Wesen des Krebses wiederum geben der zur Vorsicht neigenden Jungfrau das Gefühl von Sicherheit, das sie so dringend benötigt, um sich fallen lassen zu können. Beide reagieren sehr sensibel aufeinander. Ja, man könnte ihr Miteinander als permanente Re-Aktion auf den anderen beschreiben. Dies ermöglicht zwar einen intensiven Austausch, birgt jedoch die Gefahr, dass die eigene Initiative zu kurz kommt. Also: mehr Aktion als Re-Aktion!

JUNGFRAU UND LÖWE – VOM ANDEREN LERNEN

Der Löwe steht gerne im Mittelpunkt und wenn er das tut, schämt sich die Jungfrau. Der Löwe ist gerne verschwenderisch, die Jungfrau denkt an die Kosten. In der Regel wird sich der Löwe in seiner Lebensfreude beschnitten fühlen, die Jungfrau hingegen sieht ihre Energien an Kindereien vergeudet. Schaffen es Löwe-Jungfrau-Paare, über diesen Punkt hinauszukommen, werden sie viel von ihrer Verbindung profitieren. In ihrer Ergänzung gleicht einer die Schwächen des anderen aus: Der großzügige Löwe wird den Rat der Jungfrau befolgen und etwas kürzer treten, die Jungfrau aber lernt vom Löwen mehr Gelassenheit und Lebenslust. Es lohnt sich für beide!

JUNGFRAU UND JUNGFRAU – ZWEI KOMMEN ZUM ZUG

Jungfrauen lernen sich oft am Arbeitsplatz kennen und stellen dann zunächst fest, wie gut sie zusammen arbeiten können. Der eine ist so ökonomisch wie der andere, zusammen sind sie ein kluges, effizientes Team. Werden Jungfrau und Jungfrau privat, machen sie eine zweite positive Erfahrung: Oft kommen sie mit ihrem geistreichen Charme nicht zum Zug, weil andere ein stärkeres Auftreten besitzen und sie an den Rand drängen. Jetzt aber haben sie volle Entfaltungsmöglichkeit! Eine schöne Verbindung, wenngleich nicht geeignet für ekstatische Höhepunkte. Doch Jungfrauen sind klug genug, um anderen Werten den Vorzug zu geben.

JUNGFRAU UND WAAGE – UN-EINS

Während die Jungfrau besonnen ist und die Dinge nach ihrem tatsächlichen Nutzen nach beurteilt, neigt die Waage zur Unbesonnenheit und entscheidet zugunsten einer höheren Ästhetik und Eleganz. Die Argumente der Jungfrau gelten landläufig als die vernünftigeren, und sie wird nicht eher aufhören zu argumentieren, bis sie Recht bekommen hat. Die Waage muss die Kritik hinnehmen und wird sich in der Folge nicht selten zurückgestoßen fühlen. Die Aufgabe einer Jungfrau-Waage-Verbindung besteht in der bewussten Ergänzung von Ästhetik und Sorgfalt, von Eleganz und Gründlichkeit: Gelingt diese Ergänzung, ist das eine äußerst spannende und anregende Partnerschaft.

JUNGFRAU UND SKORPION – PERFECT LOVE

Jungfrau und Skorpion haben eines gemeinsam: Sie sind Perfektionisten. Und sie sind beide absolut: Die Jungfrau ist unbestechlich, was die sorgfältige Ausarbeitung von Details betrifft, der Skorpion hingegen verschreibt sich unbeirrbar dem Großen und Ganzen, der einmal gefassten Idee. Er verfolgt sie leidenschaftlich, ohne Rücksicht auf die eigenen Kräfte. An diesem Punkt liegt der Unterschied. Eine Jungfrau denkt zu ökonomisch, um sich restlos zu verausgaben, sie ist fleißig, aber nicht hingegeben. Ziehen jedoch beide aber am gleichen Strang, werden sie im Ganzen wie im Detail einfach perfekt sein!

JUNGFRAU UND SCHÜTZE – DIE ERGÄNZUNG

Die unterschiedlichen Charaktereigenschaften von Jungfrau und Schütze zeigen sich schon in den alltäglichsten Situationen. Einen abgebrochenen Henkel etwa würde die Jungfrau noch sorgfältig mit Spezialkleber fixieren, während der Schütze bereits im Großmarkt steht, um einen kompletten Satz neuer Tassen zu besorgen. Der Hang des Schützen zur großen Geste mag die Jungfrau in der Anfangsphase noch beeindrucken, bald aber entdeckt sie darin nur mehr pure Übertreibung. Hier ist gegenseitige Toleranz gefragt. Der Schütze kann schließlich von der Pragmatik der Jungfrau profitieren, während die Jungfrau durch ihn angehalten ist, geistig flexibler zu werden.

JUNGFRAU UND STEINBOCK – IN DER RUHE LIEGT DIE KRAFT

Die Jungfrau schätzt Verlässlichkeit und genau das kann ihr der Steinbock geben. Auch sonst harmonieren diese Zeichen vorzüglich: Beide sind praktisch veranlagt, im emotionalen Ausdruck eher zurückhaltend und geistig aktiv. Der Steinbock kann jedoch seine Interessen mit so großer Ausdauer verfolgen, dass sich die Jungfrau zurückgesetzt fühlt. Doch sollte sie sich hierüber nicht zu sehr grämen, der Steinbock schätzt sie als einen ebenbürtigen Partner und legt großen Wert auf ihre Meinung. Jungfrau und Steinbock schaffen schnell klare Verhältnisse. Stürme der Leidenschaft sind allerdings sind nicht zu erwarten, aber in der Ruhe liegt schließlich eine große Kraft.

JUNGFRAU UND WASSERMANN – SPÄTES GLÜCK

Diese Verbindung braucht einige Zeit, ehe ihr Wert und ihre Besonderheit klar erkennbar werden. Jungfrau und Wassermann sind einander zunächst sehr fremd. Zwar sind beide geistige Zeichen, doch ist ihre Art zu denken dennoch höchst unterschiedlich. Die Jungfrau richtet alles nach der Nützlichkeit aus, sie fragt: Ist eine Sache sinnvoll? Was kommt dabei heraus? Dem Wassermann hingegen liegt nichts an der Umsetzung, es sind die Gedanken und Ideen selbst, die ihn faszinieren. So fremd die beiden sich anfangs sind, so effektiv ist ihre Ergänzung: Der Wassermann kann bei der Jungfrau lernen, wie man sein Leben ökonomisch organisiert, die Jungfrau wird mutiger, gewinnt an Spontaneität.

JUNGFRAU UND FISCHE – ENDLICH DA!

Die Effizienz, mit der die Jungfrau ihr Leben gestaltet, wird weithin gerühmt. Aber Hand aufs Herz: Verstand, Realität, Leistung, Vernunft, fehlt da nicht etwas? Und wie sieht es beim Fisch aus? Wenn man den Dingen so hingegeben ist wie er und immer wieder in Illusionen abtaucht, sehnt man sich dann nicht nach unverrückbaren Positionen, Halt und Kontur? Die Sehnsüchte werden erfüllt, wenn Jungfrau und Fisch einander begegnen. Meist spüren sie dies schon beim ersten Blick, doch wird es beiden schwer fallen, dieser Eingebung spontan zu folgen. In Liebesdingen sind Jungfrau und Fisch sehr verletzlich und folglich übervorsichtig. Kein Grund zur Sorge! Treue ist bei beiden groß geschrieben!

SINN UND SINNLICHKEIT – DAS FEUER DER LEIDENSCHAFT WECKEN

Eine Frau ist süß, scharf oder heiß. Wenn sie sauer ist, ist das bitter. Er ist erste Sahne und wie er „Honey“ sagt, musst du dir auf der Zunge zergehen lassen. Der hört sich nach was an! Ich könnt ihn auffressen! Die da ist knallhart, an der kannst du dir die Zähne ausbeißen, die wird nicht weich. An die würd ich mich erst rantasten. Wieso, die ist Wachs in meinen Händen. Ich kann den Typ nicht riechen. Der ist geschmacklos.

GANZ BEI SINNEN

Alle fünf Sinne scheinen vollauf beschäftigt, wenn es um Liebe geht. Unserem Sprachgebrauch nach zu urteilen, ist uns das ganz selbstverständlich. Aber wie bewusst setzen wir unsere Sinne in der Liebe ein? Wie sinnlich sind wir? Über unsere Sinne werden wir stimuliert und wenn wir verführen, wecken wir die Sinne eines anderen. Ziehen Sie dabei alle fünf Register? Konzentrieren wir uns auf unsere Sinnlichkeit, uns zur Freude! Sinnlichkeit heißt nichts anderes als Empfänglich-Sein für Sinnengenuss: der Freude an der erotischen Lust. Tauchen wir unsere Sinne in einen Sinnenrausch: Sehen, Hören, Riechen, Schmecken, Tasten, ein Fest. Machen wir uns reich, schöpfen wir aus den Quellen unseres Leibes, provozieren wir die Sinne unseres Geliebten, verwirren und betören wir, baden wir in diesem irdische Glück.

TOUCH ME!

Verwöhnen Sie sich, sensibilisieren Sie sich auf Berührung jeder Art: der stärkenverstellbare Duschkopf, das Bad mit prickelndem Schaum. Schließen Sie die Augen, konzentrieren Sie sich auf die Berührung des Wassers. Tragen Sie ein Hemd aus kühlem Satin oder fließender Seide, und genießen Sie das Gleiten des Stoffes über die nackte Haut. Bürsten Sie Ihre Haare langsam und konzentriert, auch das kann wohlige Schauer erzeugen. Sind Sie erst sensibilisiert, entdecken Sie viele Berührungspunkte: den warmen Luftstrom beim Betreten eines Kaufhauses, das kurze Frösteln beim Griff in die Tiefkühltruhe ... Und natürlich: Streicheln Sie sich! Mal nur mit den Fingernägeln, mal gleitend mit der ganzen Hand. Streicheln Sie Ihren Partner, fahren Sie über die empfindliche Kehle vorsichtig mit nur einem Finger, laufen Sie wie eine Spinne mit Ihren Fingerkuppen über seinen Körper, kneten oder massieren Sie ihn, und befolgen Sie dabei folgende Regeln: Sprechen Sie nicht, lassen Sie sich Zeit, wiederholen Sie eine bestimmte Berührungsart zehnmal, bevor Sie zur nächsten übergehen. So werden Spannungen abgebaut, die neuen Energien werden Ihr Liebesspiel beleben. Worauf warten Sie noch, Sie haben es in der Hand!

Sinnliches Massageöl für die Jungfrau Mischen Sie auf 50 ml Jojobaöl folgende Duftöle zu einem aphrodisierenden Jungfrau-Massageöl: **10 Tropfen Canangaöl, 5 Tropfen Palmarosaöl, 3 Tropfen Jasminöl, 2 Tropfen Tonkaöl, 2 Tropfen Majoranöl**

BETÖRENDE DÜFTE

„Wasche dich nicht – ich komme!“ So soll Napoleon Bonaparte seiner Josephine die Heimkehr nach Paris angekündigt haben. Der Geruchssinn und Lust haben eine besonders enge Verbindung, und das schon im Tierreich: Auf der Suche nach einem neuen Partner spielen Sexuallockstoffe, so genannte Pheromone, eine wichtige Rolle: Jeder neue Partner wird erst mal ordentlich „beschnüffelt“.

„Mich führt dein Duft zu zauberhaften Himmeln“, schrieb der Dichter Charles Baudelaire und den Romancier Marcel Proust inspirierte eine jähe Erinnerung, die er beim Geruch von Madeleine-Gebäck bekam, zu Tausenden Seiten Literatur. Auch wir kennen das. Ein Duft zieht an uns vorüber und wir sind mit großer Intensität an etwas erinnert, vielleicht sogar an „zauberhafte Himmel“ der Vergangenheit? Wir sind wie zurückversetzt, als wären wir noch einmal dort, in jener Zeit, an jener Brust. Gegenüber Empfindungen, die von Düften ausgelöst werden, sind wir wehrlos, wir sind ihnen ausgeliefert.

Ziehen Sie den Umkehrschluss! Verwenden Sie in Liebesnächten immer dasselbe, das besondere Parfum. Aber einmal tragen Sie es tagsüber, zum

Beispiel wenn Sie mit Ihrem Liebsten eine Ausstellung besuchen. Woran er wohl denkt? Er wird an zu Hause denken und Sie möglichst schnell dorthin zurückbringen.

Sinnlicher Duft für die Jungfrau Geben Sie diese erotische Komposition für eine aufregende Jungfrau-Nacht in die Aromalampe: **4 Tropfen Ylang-Ylang-Öl, 3 Tropfen Palmarosaöl, 3 Tropfen Mimoseöl, 1 Tropfen Sellerieöl**

DER AUGENBLICK

Wir flirten zu wenig! Denken Sie daran, dass unsere Sinne Freude bringen. Sie sitzen im Café und eigentlich gefällt Ihnen der Herr da hinten doch. Sie haben einen Freund? Es ist ja nur ein Augenspiel. Na also, er hat zu Ihnen herübergesehen, er hat gelächelt, eine Andeutung von einem Lächeln. Und Sie? Ihre Augen haben sich sofort auf Ihren Eisbecher gerettet. Sie hätten doch einen scheuen Blick wagen können. Er sitzt dort schließlich mit einem Kollegen und wird nicht gleich aufstehen und Sie fressen. Na also, es geht doch. Natürlich wird es Ihnen jetzt ganz warm, Sie haben etwas Aufregendes zugelassen, aber ist das nicht herrlich? Seine Augen

sagen Ihnen, Sie sind begehrenswert. Schon drei Uhr! Sie müssen gehen und spüren noch, wie sein Blick an Ihnen hängen bleibt. Ob Sie sich noch einmal umdrehen? Jedenfalls, wenn Sie um die Ecke sind, ist Ihnen zum Lachen zumute, die Schaufensterscheibe zeigt Ihnen eine schöne Frau.

Sinnlicher Augenschmaus für die Jungfrau Die Jungfrau würde gerne in der reinen Natur lieben, an einem klaren plätschernden Bach, ausgestreckt auf nichts als grünem Gras oder versteckt im duftigen Inneren eines Heuschobers. Zu Hause ist sie nicht besonders empfänglich für Experimente. Ihr Liebeslager ist das Bett, das blütenweiße, bügelfrische Laken. Straff gespannt, mit der Hand glatt gestrichen ist es die Verkörperung von Reinheit und Unberührtheit und dazu angetan, in einer Nacht glücklich verwüstet zu werden ...

KOSTE MICH!

Jeder Mensch schmeckt anders, in einem Kuss teilen wie eine große Intimität. Lassen Sie sich Zeit, vor allem für den ersten Kuss. Befeuchten Sie mit der Zunge Ihre eigenen Lippen. Sie verraten damit Gedanken, die sich nicht aussprechen lassen. Flirten Sie mit den Lippen. Kleine Küsse und vor allem der zarte Liebesbiss sind der Vorgeschmack auf höchste Lust. Der Zungenkuss ist unser Mahl, leidenschaftlich und delikat. Ganz auskosten sollten Sie ihn nur im Zustand höchster Erregung.

Sinnlicher Genuss für einen Jungfrau-Abend zu zweit Genießen Sie für einen sinnlichen Abend zu zweit: Warmen Linsensalat mit zart schmelzendem Schafskäse. **100 g braune oder grüne Linsen, 300 ml Wasser, 1/2 TL Thymian, 1 Lorbeerblatt, 75 g Feta- oder Schafskäse, dazu Vinaigrette mit frischem, fein geschnittenen Schnittlauch und Dill**

Die Linsen waschen und mit dem Wasser, Thymian und Lorbeer in einen Topf geben. Aufkochen und zugedeckt 30 Minuten köcheln lassen. Die Vinaigrette zubereiten. Wenn die Linsen gar sind, abseihen und gut abtropfen lassen. Auf einer hübschen Platte mit dem in Würfel geschnittenen Käse und der Vinaigrette anrichten. Mit einem Zweig Dill dekorieren und noch leicht warm mit etwas Weißbrot servieren. Dazu passt ein Glas gekühlter Weißwein oder ein frisch gepresster Pampelmusensaft.

VOM SCHNURREN UND GURREN

Er hat eine männliche, weiche Stimme? Rufen Sie ihn an – und Augen zu! Lassen Sie seine Stimme für einen Augenblick Welt werden. Oder fordern Sie ihn auf, Ihnen etwas ins Ohr zu flüstern, auch dann ist seine ist ihre Art zu denken dennoch höchst unterschiedlich. Die Jungfrau richtet alles nach der Nützlichkeit aus, sie fragt: Ist eine Sache sinnvoll? Was kommt dabei heraus? Dem Wassermann hingegen liegt nichts an der Umsetzung, es sind die Gedanken und Ideen selbst, die ihn faszinieren. So fremd die beiden sich anfangs sind, so effektiv ist ihre Ergänzung: Der Wassermann kann bei der Jungfrau lernen, wie man sein Leben ökonomisch organisiert, die Jungfrau wird mutiger, gewinnt an Spontaneität.

JUNGFRAU UND FISCHE – ENDLICH DA!

Die Effizienz, mit der die Jungfrau ihr Leben gestaltet, wird weithin gerühmt. Aber Hand aufs Herz: Verstand, Realität, Leistung, Vernunft, fehlt da nicht etwas? Und wie sieht es beim Fisch aus? Wenn man den Dingen so hingegeben ist wie er und immer wieder in Illusionen abtaucht, sehnt man sich dann nicht nach unverrückbaren Positionen, Halt und Kontur? Die Sehnsüchte werden erfüllt, wenn Jungfrau und Fisch einander begegnen. Meist spüren sie dies schon beim ersten Blick, doch wird es beiden schwer fallen, dieser Eingebung spontan zu folgen. In Liebesdingen sind Jungfrau und Fisch sehr verletzlich und folglich übervorsichtig. Kein Grund zur Sorge! Treue ist bei beiden groß geschrieben!

SINN UND SINNLICHKEIT – DAS FEUER DER LEIDENSCHAFT WECKEN

Eine Frau ist süß, scharf oder heiß. Wenn sie sauer ist, ist das bitter. Er ist erste Sahne und wie er „Honey" sagt, musst du dir auf der Zunge zergehen lassen. Der hört sich nach was an! Ich könnt ihn auffressen! Die da ist knallhart, an der kannst du dir die Zähne ausbeißen, die wird nicht weich. An die würd ich mich erst rantasten. Wieso, die ist Wachs in meinen Händen. Ich kann den Typ nicht riechen. Der ist geschmacklos.

GANZ BEI SINNEN

Alle fünf Sinne scheinen vollauf beschäftigt, wenn es um Liebe geht. Unserem Sprachgebrauch nach zu urteilen, ist uns das ganz selbstverständlich. Aber wie bewusst setzen wir unsere Sinne in der Liebe ein? Wie sinnlich sind wir? Über unsere Sinne werden wir stimuliert und wenn wir verführen, wecken wir die Sinne eines anderen. Ziehen Sie dabei alle fünf Register? Konzentrieren wir uns auf unsere Sinnlichkeit, uns zur Freude! Sinnlichkeit heißt nichts anderes als Empfänglich-Sein für Sinnengenuss: der Freude an der erotischen Lust. Tauchen wir unsere Sinne in einen Sinnenrausch: Sehen, Hören, Riechen, Schmecken, Tasten, ein Fest. Machen wir uns reich, schöpfen wir aus den Quellen unseres Leibes, provozieren wir die Sinne unseres Geliebten, verwirren und betören wir, baden wir in diesem irdische Glück.

TOUCH ME!

Verwöhnen Sie sich, sensibilisieren Sie sich auf Berührung jeder Art: der stärkenverstellbare Duschkopf, das Bad mit prickelndem Schaum. Schließen Sie die Augen, konzentrieren Sie sich auf die Berührung des Wassers. Tragen Sie ein Hemd aus kühlem Satin oder fließender Seide, und genießen Sie das Gleiten des Stoffes über die nackte Haut. Bürsten Sie Ihre Haare langsam und konzentriert, auch das kann wohlige Schauer erzeugen. Sind Sie erst sensibilisiert, entdecken Sie viele Berührungspunkte: den warmen Luftstrom beim Betreten eines Kaufhauses, das kurze Frösteln beim Griff in die Tiefkühltruhe ... Und natürlich: Streicheln Sie sich! Mal nur mit den Fingernägeln, mal gleitend mit der ganzen Hand. Streicheln Sie Ihren Partner, fahren Sie über die empfindliche Kehle vorsichtig mit nur einem Finger, laufen Sie wie eine Spinne mit Ihren Fingerkuppen über seinen Körper, kneten oder massieren Sie ihn, und befolgen Sie dabei folgende Regeln: Sprechen Sie nicht, lassen Sie sich Zeit, wiederholen Sie eine bestimmte Berührungsart zehnmal, bevor Sie zur nächsten übergehen. So werden Spannungen abgebaut, die neuen Energien werden Ihr Liebesspiel beleben. Worauf warten Sie noch, Sie haben es in der Hand!

Sinnliches Massageöl für die Jungfrau Mischen Sie auf 50 ml Jojobaöl folgende Duftöle zu einem aphrodisierenden Jungfrau-Massageöl: **10 Tropfen Canangaöl, 5 Tropfen Palmarosaöl, 3 Tropfen Jasminöl, 2 Tropfen Tonkaöl, 2 Tropfen Majoranöl**

BETÖRENDE DÜFTE

„Wasche dich nicht – ich komme!“ So soll Napoleon Bonaparte seiner Josephine die Heimkehr nach Paris angekündigt haben. Der Geruchssinn und Lust haben eine besonders enge Verbindung, und das schon im Tierreich: Auf der Suche nach einem neuen Partner spielen Sexuallockstoffe, so genannte Pheromone, eine wichtige Rolle: Jeder neue Partner wird erst mal ordentlich „beschnüffelt“.

„Mich führt dein Duft zu zauberhaften Himmeln“, schrieb der Dichter Charles Baudelaire und den Romancier Marcel Proust inspirierte eine jähe Erinnerung, die er beim Geruch von Madeleine-Gebäck bekam, zu Tausenden Seiten Literatur. Auch wir kennen das. Ein Duft zieht an uns vorüber und wir sind mit großer Intensität an etwas erinnert, vielleicht sogar an „zauberhafte Himmel“ der Vergangenheit? Wir sind wie zurückversetzt, als wären wir noch einmal dort, in jener Zeit, an jener Brust. Gegenüber Empfindungen, die von Düften ausgelöst werden, sind wir wehrlos, wir sind ihnen ausgeliefert.

Ziehen Sie den Umkehrschluss! Verwenden Sie in Liebesnächten immer dasselbe, das besondere Parfum. Aber einmal tragen Sie es tagsüber, zum

Beispiel wenn Sie mit Ihrem Liebsten eine Ausstellung besuchen. Woran er wohl denkt? Er wird an zu Hause denken und Sie möglichst schnell dorthin zurückbringen.

Sinnlicher Duft für die Jungfrau Geben Sie diese erotische Komposition für eine aufregende Jungfrau-Nacht in die Aromalampe: **4 Tropfen Ylang-Ylang-Öl, 3 Tropfen Palmarosaöl, 3 Tropfen Mimoseöl, 1 Tropfen Sellerieöl**

DER AUGENBLICK

Wir flirten zu wenig! Denken Sie daran, dass unsere Sinne Freude bringen. Sie sitzen im Café und eigentlich gefällt Ihnen der Herr da hinten doch. Sie haben einen Freund? Es ist ja nur ein Augenspiel. Na also, er hat zu Ihnen herübergesehen, er hat gelächelt, eine Andeutung von einem Lächeln. Und Sie? Ihre Augen haben sich sofort auf Ihren Eisbecher gerettet. Sie hätten doch einen scheuen Blick wagen können. Er sitzt dort schließlich mit einem Kollegen und wird nicht gleich aufstehen und Sie fressen. Na also, es geht doch. Natürlich wird es Ihnen jetzt ganz warm, Sie haben etwas Aufregendes zugelassen, aber ist das nicht herrlich? Seine Augen

sagen Ihnen, Sie sind begehrenswert. Schon drei Uhr! Sie müssen gehen und spüren noch, wie sein Blick an Ihnen hängen bleibt. Ob Sie sich noch einmal umdrehen? Jedenfalls, wenn Sie um die Ecke sind, ist Ihnen zum Lachen zumute, die Schaufensterscheibe zeigt Ihnen eine schöne Frau.

Sinnlicher Augenschmaus für die Jungfrau Die Jungfrau würde gerne in der reinen Natur lieben, an einem klaren plätschernden Bach, ausgestreckt auf nichts als grünem Gras oder versteckt im duftigen Inneren eines Heuschobers. Zu Hause ist sie nicht besonders empfänglich für Experimente. Ihr Liebeslager ist das Bett, das blütenweiße, bügelfrische Laken. Straff gespannt, mit der Hand glatt gestrichen ist es die Verkörperung von Reinheit und Unberührtheit und dazu angetan, in einer Nacht glücklich verwüstet zu werden ...

KOSTE MICH!

Jeder Mensch schmeckt anders, in einem Kuss teilen wie eine große Intimität. Lassen Sie sich Zeit, vor allem für den ersten Kuss. Befeuchten Sie mit der Zunge Ihre eigenen Lippen. Sie verraten damit Gedanken, die sich nicht aussprechen lassen. Flirten Sie mit den Lippen. Kleine Küsse und vor allem der zarte Liebesbiss sind der Vorgeschmack auf höchste Lust. Der Zungenkuss ist unser Mahl, leidenschaftlich und delikat. Ganz auskosten sollten Sie ihn nur im Zustand höchster Erregung.

Sinnlicher Genuss für einen Jungfrau-Abend zu zweit Genießen Sie für einen sinnlichen Abend zu zweit: Warmen Linsensalat mit zart schmelzendem Schafskäse. **100 g braune oder grüne Linsen, 300 ml Wasser, 1/2 TL Thymian, 1 Lorbeerblatt, 75 g Feta- oder Schafskäse, dazu Vinaigrette mit frischem, fein geschnittenen Schnittlauch und Dill**

Die Linsen waschen und mit dem Wasser, Thymian und Lorbeer in einen Topf geben. Aufkochen und zugedeckt 30 Minuten köcheln lassen. Die Vinaigrette zubereiten. Wenn die Linsen gar sind, abseihen und gut abtropfen lassen. Auf einer hübschen Platte mit dem in Würfel geschnittenen Käse und der Vinaigrette anrichten. Mit einem Zweig Dill dekorieren und noch leicht warm mit etwas Weißbrot servieren. Dazu passt ein Glas gekühlter Weißwein oder ein frisch gepresster Pampelmusensaft.

VOM SCHNURREN UND GURREN

Er hat eine männliche, weiche Stimme? Rufen Sie ihn an – und Augen zu! Lassen Sie seine Stimme für einen Augenblick Welt werden. Oder fordern Sie ihn auf, Ihnen etwas ins Ohr zu flüstern, auch dann ist seine

Stimme nah. Wenn er wohlig knurrt und Sie das erregt, reagieren Sie prompt auf dieses Geräusch. Wenn er merkt, was er damit bewirken kann, wird er diesen Laut in sein Repertoire aufnehmen, Sie beide werden sein Knurren mit immer neuen Inhalten füllen, je nach Variation. Und nun zu Ihnen: Wissen Sie eigentlich, was Ihre Stimme macht? Wenn Sie zum Beispiel hell auflachen, findet das Resonanz bei allen Männern, denen Ihr Lachen hell durch die Glieder fährt. Männer sind durch eine Stimme um den Verstand zu bringen. Spielen Sie damit.

Sinnliche Laute für die Jungfrau Die Jungfrau ist ein kultiviertes Tierkreiszeichen und hält darauf! Schicken Sie sie also nicht in den Urwald, inszenieren Sie keine animalische Geräuschkulisse. Feine Modulationen bewirken hier mehr. Die Jungfrau hat ein Ohr für Nuancen. Üben Sie sich in Raffinement. Schon der leicht beschleunigte, aus dem Takt geratende Atem ist ihr ein akustisches Signal.

Bibliografische Information der Deutschen Bibliothek
Die Deutsche Bibliothek verzeichnet diese Publikation in der
Deutschen Nationalbibliografie; detaillierte bibliografische Daten
sind im Internet über http://dnb.ddb.de abrufbar.

Urania Verlag
Verlagsgruppe Dornier
Postfach 80 06 69, 70506 Stuttgart

www.urania-verlag.de
www.verlagsgruppe-dornier.de

Redaktion: Thomas Wieke, Wiesbaden
Layout: Christina Krutz, Riedlhütte
Fotos: PhotoDisc: 3, 4, 7, 11, 16, 19, 20, 22, 23, 24, 39, 41, 45, 48, 55; Digital Vision: 9; Imagesource: 27; PhotoAlto: 28, 37, 47, 57, 59, 60; FALKEN Archiv/Ziegler: 31, 33, 35; –/ Kleeberg/Rink: 43; –/Zuckerfabrik Digital: 62
Zeichnungen: Christina Krutz, Riedlhütte
Umschlaggestaltung: Behrend & Buchholz, Hamburg
Umschlagbild: PhotoDisc
Druck und Bindung: L.E.G.O. Olivotto S.p.a. Vicenza

ISBN 3-332-01557-5

ASZENDENTENBERECHNUNG

		Geburtsstunde / Geburtstag	0.00	0.30	1.00	1.30	2.00	2.30	3.00	3.30	4.00	4.30	5.00	5.30	6.00	6.30	7.00	7.30	8.00	8.30	9.00	9.30
Widder	♈	21. 03. – 31. 03.	♐	♐	♐	♐	♐	♑	♑	♑	♑	♒	♒	♓	♓	♈	♈	♉	♉	♊	♊	♊
		01. 04. – 10. 04.	♐	♐	♐	♑	♑	♑	♑	♒	♒	♓	♓	♈	♈	♉	♉	♉	♊	♊	♊	♋
		11. 04. – 20. 04.	♐	♐	♑	♑	♑	♑	♒	♒	♓	♓	♈	♈	♉	♉	♉	♊	♊	♊	♋	♋
Stier	♉	21. 04. – 30. 04.	♐	♑	♑	♑	♒	♒	♒	♓	♓	♈	♈	♉	♉	♊	♊	♊	♋	♋	♋	♋
		01. 05. – 10. 05.	♑	♑	♑	♒	♒	♒	♓	♈	♈	♉	♉	♉	♊	♊	♊	♋	♋	♋	♋	♋
		11. 05. – 20. 05.	♑	♒	♒	♒	♓	♓	♈	♈	♉	♉	♊	♊	♊	♊	♋	♋	♋	♋	♋	♌
Zwillinge	♊	21. 05. – 31. 05.	♒	♒	♒	♓	♓	♈	♈	♉	♉	♊	♊	♊	♋	♋	♋	♋	♋	♌	♌	♌
		01. 06. – 11. 06.	♒	♓	♓	♈	♈	♉	♉	♊	♊	♊	♊	♋	♋	♋	♋	♋	♌	♌	♌	♌
		12. 06. – 21. 06.	♓	♓	♈	♈	♉	♉	♊	♊	♊	♊	♋	♋	♋	♋	♋	♌	♌	♌	♌	♌
Krebs	♋	22. 06. – 01. 07.	♈	♈	♉	♉	♉	♊	♊	♊	♋	♋	♋	♋	♋	♌	♌	♌	♌	♌	♌	♍
		02. 07. – 12. 07.	♈	♉	♉	♊	♊	♊	♊	♋	♋	♋	♋	♋	♌	♌	♌	♌	♌	♍	♍	♍
		13. 07. – 22. 07.	♉	♉	♊	♊	♊	♊	♋	♋	♋	♋	♋	♌	♌	♌	♌	♌	♍	♍	♍	♍
Löwe	♌	23. 07. – 02. 08.	♉	♊	♊	♊	♋	♋	♋	♋	♋	♌	♌	♌	♌	♌	♌	♍	♍	♍	♍	♍
		03. 08. – 12. 08.	♊	♊	♊	♋	♋	♋	♋	♋	♌	♌	♌	♌	♌	♍	♍	♍	♍	♍	♍	♎
		13. 08. – 28. 08.	♊	♋	♋	♋	♋	♋	♌	♌	♌	♌	♌	♌	♍	♍	♍	♍	♍	♍	♎	♎
Jungfrau	♍	24. 08. – 02. 09.	♋	♋	♋	♋	♋	♌	♌	♌	♌	♌	♌	♍	♍	♍	♍	♍	♎	♎	♎	♎
		03. 09. – 12. 09.	♋	♋	♋	♋	♌	♌	♌	♌	♌	♍	♍	♍	♍	♍	♍	♎	♎	♎	♎	♎
		13. 09. – 23. 09.	♋	♋	♌	♌	♌	♌	♌	♌	♍	♍	♍	♍	♍	♎	♎	♎	♎	♎	♎	♏
Waage	♎	24. 09. – 03. 10.	♋	♌	♌	♌	♌	♌	♌	♍	♍	♍	♍	♍	♎	♎	♎	♎	♎	♎	♏	♏
		04. 10. – 13. 10.	♌	♌	♌	♌	♌	♍	♍	♍	♍	♍	♍	♎	♎	♎	♎	♎	♏	♏	♏	♏
		14. 10. – 23. 10.	♌	♌	♌	♌	♍	♍	♍	♍	♍	♍	♎	♎	♎	♎	♎	♏	♏	♏	♏	♏
Skorpion	♏	24. 10. – 02. 11.	♌	♌	♌	♍	♍	♍	♍	♍	♎	♎	♎	♎	♎	♎	♏	♏	♏	♏	♏	♐
		03. 11. – 12. 11.	♌	♍	♍	♍	♍	♍	♍	♎	♎	♎	♎	♎	♏	♏	♏	♏	♏	♏	♐	♐
		13. 11. – 22. 11.	♍	♍	♍	♍	♍	♍	♎	♎	♎	♎	♎	♏	♏	♏	♏	♏	♏	♐	♐	♐
Schütze	♐	23. 11. – 02. 12.	♍	♍	♍	♍	♎	♎	♎	♎	♎	♎	♏	♏	♏	♏	♏	♐	♐	♐	♐	♐
		03. 12. – 12. 12.	♍	♍	♍	♎	♎	♎	♎	♎	♎	♏	♏	♏	♏	♏	♐	♐	♐	♐	♐	♑
		13. 12. – 21. 12.	♍	♍	♎	♎	♎	♎	♎	♏	♏	♏	♏	♏	♏	♐	♐	♐	♐	♐	♑	♑
Steinbock	♑	22. 12. – 31. 12.	♎	♎	♎	♎	♎	♎	♏	♏	♏	♏	♏	♏	♐	♐	♐	♐	♐	♑	♑	♑
		01. 01. – 10. 01.	♎	♎	♎	♎	♎	♏	♏	♏	♏	♏	♐	♐	♐	♐	♐	♑	♑	♑	♑	♒
		11. 01. – 20. 01.	♎	♎	♎	♏	♏	♏	♏	♏	♏	♐	♐	♐	♐	♐	♑	♑	♑	♑	♒	♒
Wassermann	♒	21. 01. – 30. 01.	♎	♎	♏	♏	♏	♏	♏	♏	♐	♐	♐	♐	♐	♑	♑	♑	♒	♒	♓	♓
		31. 01. – 09. 02.	♎	♏	♏	♏	♏	♏	♐	♐	♐	♐	♐	♑	♑	♑	♑	♒	♒	♓	♓	♈
		10. 02. – 19. 02.	♏	♏	♏	♏	♏	♐	♐	♐	♐	♐	♑	♑	♑	♑	♒	♒	♓	♓	♈	♈
Fische	♓	20. 02. – 01. 03.	♏	♏	♏	♏	♐	♐	♐	♐	♐	♑	♑	♑	♑	♒	♒	♓	♓	♈	♉	♉
		02. 03. – 10. 03.	♏	♏	♏	♐	♐	♐	♐	♐	♑	♑	♑	♒	♒	♒	♓	♈	♈	♉	♉	♉
		11. 03. – 20. 03.	♏	♐	♐	♐	♐	♐	♑	♑	♑	♑	♒	♒	♓	♓	♈	♈	♉	♉	♊	♊

Für eine überschlägige Bestimmung Ihres Aszendenten suchen Sie in der linken Spalte Ihren Geburts-
tag und in der Zeile oben Ihre Geburtsstunde (gilt nur für Mitteleuropa; bei Sommerzeit – eine Stunde